EINLADU

EINLADUNG
Einladung
EINLADU

Valerie Ledner

Grußkarten in Servietten TECHNIK

unipart

Konzeption, Text, Redaktion und Fotostyling: Komma Redaktionsbüro Gabriele Jockel, Karben
Realisierung: Jockel & Partner Verlagsagentur, Karben
Fotografie: Jan Bürgermeister, Augsburg; Foto-Medien-Design Udo Heisinger, Niederaula
Verwendeter Lack-Kleber: Folia, Max Bringmann GmbH & Co., Wendelstein

Die Schreibweise entspricht den Regeln der neuen Rechtschreibung.

Inhalt

Für jeden Anlass

Karte mit gelber Blume

Das brauchen Sie:

weißen Tonkarton, DIN A5
orangerotes Band, 4 cm breit, ca. 40 cm lang
gelbe Wellpappe, DIN A6
1 Serviette mit großem, gelbem Blumen-Motiv (z. B. von PAPSTAR)
weißen Fotokarton, 13 x 9,5 cm
orangefarbenes Satinband, 3 mm breit, ca. 46 cm lang
Schere, Klebstoff, Pinsel, Lack-Kleber

1. Falten Sie den weißen Tonkarton in der Mitte zu einer DIN-A6-Klappkarte. Binden Sie aus dem orangeroten Band eine Schleife und kleben Sie die Bandenden neben den Falz auf die Kartenvorderseite. Überkleben Sie die Kartenvorderseite mit der gelben Wellpappe.

2. Schneiden Sie das Servietten-Motiv passend für das Fotokartonstück aus und ziehen Sie die oberste Schicht der Serviette ab.

3. Legen Sie die Serviette auf das Kartonstück und bestreichen Sie es mit Lack-Kleber. Streichen Sie dabei mit einem breiten, weichen Pinsel von innen nach außen.

4. Lassen Sie das Motiv gut trocknen, kleben Sie es mittig auf die Kartenvorderseite und bekleben Sie die Ränder mit dem orangefarbenen Satinband.

Karte mit Blumentopf

Das brauchen Sie:

weißen Tonkarton, 21 x 20 cm
Regenbogenkarton, 21 x 10 cm
weißen Fotokarton, 16 x 8,5 cm
1 Serviette mit Topf-Motiv (z. B. von Herlitz)
gelbe Zackenlitze, 1 cm breit, ca. 50 cm lang
orangefarbenes Satinband, 1 cm breit, ca. 6 cm lang
orangefarbenes Satinband, 3 mm breit, ca. 20 cm lang
4 Blumen-Holzstreuteile, Ø 2,5 cm
Schere, Klebstoff, Pinsel, Lack-Kleber

1. Falten Sie den weißen Tonkarton in der Mitte zu einer Lang-DIN-Klappkarte. Kleben Sie den Regenbogenkarton auf die Vorderseite der Karte.

2. Schneiden Sie das Servietten-Motiv passend für das Fotokartonstück aus und ziehen Sie die oberste Schicht der Serviette ab. Legen Sie die Serviette auf das Kartonstück und bestreichen Sie es mit Lack-Kleber. Streichen Sie dabei mit einem breiten, weichen Pinsel von innen nach außen.

3. Lassen Sie das Motiv gut trocknen, kleben Sie es mittig auf die Kartenvorderseite und bekleben Sie die Ränder mit der gelben Litze.

4. Verzieren Sie das Servietten-Motiv mit dem Satinband und einer kleinen Schleife und kleben Sie die Blumen-Holzstreuteile auf.

Karte mit Blumenmuster

Das brauchen Sie:

weißes Papier, DIN A4
Schablone mit Tulpen-Rapport, Embossing-Prägestift
weißen Fotokarton, 21 x 12,5 cm
1 Serviette mit Blumenmuster (z. B. von Duni)
rote 3-D-Wellpappe, 21 x 2 cm
gelbe Kordel, 3 mm breit, ca. 56 cm lang
2 rote Holzperlen, Ø ca. 1 cm
Schere, Klebstoff, Pinsel, Lack-Kleber, Cutter

1. Falten Sie das weiße Papier in der Mitte auf DIN A5. Verzieren Sie die geschlossene Seite des Papiers mit einem Embossing-Blumen-Rapport. Legen Sie hierfür die Schablone auf die Rückseite des Papiers und drücken Sie das Motiv mit dem Prägestift durch.

2. Schneiden Sie das Servietten-Stück passend für das Fotokartonstück zurecht und ziehen Sie die oberste Schicht der Serviette ab. Legen Sie die Serviette auf das Kartonstück und bestreichen Sie es mit Lack-Kleber. Streichen Sie dabei mit einem breiten, weichen Pinsel von innen nach außen.

3. Lassen Sie das Motiv gut trocknen. Mit dem Cutter ritzen Sie einen ca. 1,5 cm breiten Rand auf der Rückseite des beklebten Kartons ein und klappen das Stück um. Kleben Sie das weiße Papier mit dem Embossing-Rapport auf den Pappstreifen.

4. Schneiden Sie die 3-D-Wellpappe zu einem Wellenstreifen und kleben Sie diesen auf die Karte. Umlegen Sie den Kartenfalz mit der Kordel, binden Sie diese unterhalb der Karte zusammen, fädeln Sie die Perlen auf und zupfen Sie kleine Quasten aus den Kordelenden.

Zum Geburtstag

Karte mit Rosenknospen

Das brauchen Sie:

weißen Fotokarton, DIN A4
1 Serviette mit rotem Rosenknospen-Motiv (z. B. von Ihr)
rote Litze, 8 mm breit, ca. 72 cm lang
rotes Band, 2 cm breit, ca. 80 cm lang
1 Stück rotes Band, 2 cm breit, 5 cm lang
goldene 3-D-Wellpappe, 4 x 6,5 cm
1 vorgefertigten, goldenen Schriftzug „Zum Geburtstag"
Gräser, 2 Seiden-Efeublättchen
1 Stoffblüte, Ø 2 cm
Schere, Klebstoff, Pinsel, Lack-Kleber

1. Falten Sie den weißen Fotokarton in der Mitte auf DIN A5. Schneiden Sie die Serviette passend für die Kartenvorderseite und ziehen Sie die oberste Schicht der Serviette ab. Legen Sie das Serviettenstück auf das Kartonstück und bestreichen Sie es mit Lack-Kleber. Streichen Sie dabei mit einem breiten, weichen Pinsel von innen nach außen.

2. Lassen Sie die Karte gut trocknen. Bekleben Sie die Ränder mit der roten Litze.

3. Legen Sie das rote Band um den Kartenfalz und binden Sie es zu einer Schleife.

4. Kleben Sie das rote Bandstück auf die goldene Wellpappe und darauf dann den goldenen Schriftzug. Kleben Sie die Naturmaterialien, die Efeublättchen und die Stoffblüte auf das Schild und kleben Sie dieses links unten schräg auf die Karte.

Karte mit Klatschmohn

Das brauchen Sie:

weißen Tonkarton, DIN A4
rote Wellpappe, 21 x 14,8 cm
1 Serviette mit rotem Klatschmohn-Motiv (z. B. von Herlitz)
weißen Fotokarton, 13 x 15 cm
rotweiß kariertes Band, 3,5 cm breit, ca. 41 cm lang
1 Holz-Marienkäfer, ca. 2 cm lang
grüne Kordel, 3 mm breit, ca. 68 cm lang
Schere, Klebstoff, Pinsel, Lack-Kleber

1. Falten Sie den weißen Tonkarton in der Mitte auf DIN A5. Kleben Sie die rote Wellpappe auf die Kartenvorderseite. Schneiden Sie die Serviette passend für den Fotokarton zurecht und ziehen Sie die oberste Schicht der Serviette ab.

2. Legen Sie das Serviettenstück auf das Kartonstück und bestreichen Sie es mit Lack-Kleber. Streichen Sie dabei mit einem breiten, weichen Pinsel von innen nach außen.

3. Lassen Sie den Karton gut trocknen. Schneiden Sie den Karton um die Blüten in Form.

4. Kleben Sie den dekorierten Karton auf die Kartenvorderseite. Kleben Sie unterhalb des Motivs ein Stück kariertes Band auf, legen Sie aus dem restlichen Band eine Schleife und kleben Sie diese mittig auf das Band. Auf die Schleifenmitte kleben Sie den Marienkäfer. Zum Schluss bekleben Sie den Rand der Karte mit der grünen Kordel.

Karte mit weißer Lilie

Das brauchen Sie:

weißen Tonkarton, DIN A4
gelbes Tonpapier, DIN A5
weißen Fotokarton, 15,5 x 12,5 cm
1 Serviette mit Lilien-Motiv (z. B. von Herlitz)
grüne Litze, 8 mm breit, ca. 58 cm lang
Schere, Klebstoff, Pinsel, Lack-Kleber, grünen Filzstift

1. Falten Sie den weißen Tonkarton in der Mitte auf DIN A5. Bekleben Sie die Kartenvorderseite mit gelbem Tonpapier.

2. Schneiden Sie die Serviette passend für den Fotokarton zurecht und ziehen Sie die oberste Schicht der Serviette ab. Legen Sie das Serviettenstück auf das Kartonstück und bestreichen Sie es mit Lack-Kleber.

3. Streichen Sie dabei mit einem breiten, weichen Pinsel von innen nach außen. Lassen Sie den Karton gut trocknen.

4. Kleben Sie den dekorierten Karton auf die Kartenvorderseite. Umranden Sie das Motiv mit der Litze und schreiben Sie mit dem Filzstift Ihren Glückwunsch unten auf die Karte.

Herzlichen Glückwunsch
Zum Geburtstag

Zum Geburtstag

Blaue Karte

Das brauchen Sie:

weißen Fotokarton, 20,5 x 19 cm
1 blaue Serviette mit Blütenmuster (z. B. von Herlitz)
weiße Wellpappe, 3 x 11,5 cm
blaue Window-Color-Konturenfarbe
blaue Litze, 7 mm breit, ca. 60 cm lang
gelbe Kordel, 3 mm breit, ca. 65 cm lang
2 Perlen in Türkis und Erbsengrün
gelbgrün kariertes Band, 3 cm breit, ca. 35 cm lang
Schere, Pinsel, Lack-Kleber, Klebstoff

1. Falten Sie den weißen Fotokarton in der Mitte. Schneiden Sie die Serviette passend für den Fotokarton zurecht und ziehen Sie die oberste Schicht der Serviette ab. Legen Sie das Serviettenstück auf das Kartonstück und bestreichen Sie es mit Lack-Kleber. Streichen Sie dabei mit einem breiten, weichen Pinsel von innen nach außen. Lassen Sie den Karton gut trocknen.

2. Beschriften Sie den Wellpappestreifen mit der Konturenfarbe und lassen Sie diese trocknen.

3. Kleben Sie das Wellpappestück unten schräg auf die Karte. Verzieren Sie nun die Ränder der Karte mit der Litze.

4. Umlegen Sie den Kartenfalz mit der gelben Kordel, verknoten Sie diese oben an der Karte und ziehen Sie die Kordelenden durch die Perlen. Binden Sie eine Schleife aus dem Band und befestigen Sie diese auf dem Kordelknoten.

Karte mit Sonnenblumen

Das brauchen Sie:

weißen Tonkarton, DIN A4
gelbes Velourspapier, DIN A5
grünen Filz, 13,5 x 15,5 cm
grünbeige kariertes Band, 3 cm breit, ca. 45 cm lang
weißen Fotokarton, 12,5 x 12,5 cm
1 Serviette mit Sonnenblumen-Motiv (z. B. von Herlitz)
roten Tonkarton, 2,5 x 10 cm
1 Plastik-Sonnenblumenblüte, Ø 2 cm
Schere, Pinsel, Lack-Kleber, Klebstoff, gelben Lackstift

1. Falten Sie den weißen Tonkarton in der Mitte auf DIN A5. Bekleben Sie die Kartenvorderseite mit dem Velourspapier und kleben Sie das Filzstück mittig darauf. Kleben Sie kariertes Band linksseitig auf die Karte.

2. Schneiden Sie die Serviette passend für den Fotokarton zurecht und ziehen Sie die oberste Schicht der Serviette ab. Legen Sie das Serviettenstück auf das Kartonstück und bestreichen Sie es mit Lack-Kleber.

3. Streichen Sie dabei mit einem breiten, weichen Pinsel von innen nach außen. Lassen Sie den Karton gut trocknen.

4. Kleben Sie das Servietten-Motiv auf den Filz. Beschriften Sie den roten Tonkartonstreifen mit dem Lackstift und kleben Sie ihn oben auf die Karte. Aus dem Bandrest binden Sie eine Schleife, die Sie mit der Kunststoffblüte links unten auf das Servietten-Motiv kleben.

Karte mit Bakkarat-Rose

Das brauchen Sie:

weißen Tonkarton, 20,5 x 19 cm
violette Wellpappe, 20,5 x 9,5 cm
1 Serviette mit Rosen-Motiv (z. B. von Duni)
weißen Fotokarton, ca. 19 x 10 cm
1 roten Wellpapperest, 2 x 5 cm
1 vorgefertigten Goldschriftzug „Zum Geburtstag"
violettes Band, 1,5 cm breit, ca. 65 cm lang
Schere, Pinsel, Lack-Kleber, Klebstoff

1. Falten Sie den Tonkarton in der Mitte auf ein Hochformat. Bekleben Sie die Kartenvorderseite mit der violetten Wellpappe. Schneiden Sie das Rosenmotiv grob aus der Serviette aus. Ziehen Sie die oberste Schicht der Serviette ab.

2. Legen Sie das Serviettenstück auf den Fotokarton und bestreichen Sie es mit Lack-Kleber. Streichen Sie dabei mit einem breiten, weichen Pinsel von innen nach außen.

3. Lassen Sie den Karton trocknen und schneiden Sie das Rosen-Motiv dann konturengenau aus. Kleben Sie das Motiv mittig auf die Karte.

4. Bringen Sie den Schriftzug auf dem roten Wellpappestück an und kleben Sie dieses mittig auf den Rosenstängel.

5. Umkleben Sie den Kartenfalz mit Band. Aus dem restlichen Band binden Sie eine Schleife, die Sie unten auf den Rosenstängel kleben.

Gepunktete Karte

Das brauchen Sie:

weißen Fotokarton, 10,5 x 29 cm
1 gründgelb gepunktete Serviette (z. B. von B+C)
1 Serviette mit gelben Blüten (z. B. von Herlitz)
gelbe Litze, 1 cm breit, ca. 30 cm lang
gelben Bast
1 Holzstreuteil „Schmetterling"
Zirkel, Schere, Pinsel, Lack-Kleber, Klebstoff

1. Falten Sie den Fotokarton auf ein Querformat. Mit dem Zirkel ziehen Sie auf der Kartenvorderseite einen Kreis (Ø ca. 7 cm) und schneiden ihn aus. Schneiden Sie die gepunktete Serviette passend für die Kartenvorderseite zurecht und schneiden Sie eine Blüte aus der Blütenserviette aus.

2. Ziehen Sie die oberste Schicht der Servietten ab. Legen Sie das gepunktete Serviettenstück auf die Karte und bestreichen Sie es mit Lack-Kleber. Streichen Sie dabei mit einem breiten, weichen Pinsel von innen nach außen.

3. Die Blüte fixieren Sie auf gleiche Weise auf der Karteninnenseite und zwar so, dass sie genau im Kreisausschnitt der Vorderseite sitzt. Lassen Sie den Karton gut trocknen.

4. Bekleben Sie die Karte oben und unten mit Litze. Umlegen Sie den Kartenfalz mit Bast, den Sie in der Mitte verknoten.

5. Binden Sie eine Schleife aus Bast und kleben Sie diese zusammen mit dem Holzschmetterling oben rechts auf die Karte.

Zum Kindergeburtstag

Karte mit Nashorn

Das brauchen Sie:

weißen Tonkarton, DIN A4
pinkfarbene Wellpappe, DIN A5
weißen Fotokarton, 13,5 x 12,5 cm
1 Serviette mit Nashorn-Geburtstags-Motiv (z. B. von PAPSTAR)
2 gelbe 3-D-Wellpappestreifen, 21 x 1,5 cm
Regenbogenkarton
Schere, Klebstoff, Pinsel, Lack-Kleber

1. Falten Sie den weißen Tonkarton in der Mitte auf DIN A5. Bekleben Sie die Kartenvorderseite mit pinkfarbener Wellpappe.

2. Schneiden Sie die Serviette passend für den Fotokarton zurecht und ziehen Sie die oberste Schicht der Serviette ab. Legen Sie das Serviettenstück auf das Kartonstück und bestreichen Sie es mit Lack-Kleber.

3. Streichen Sie dabei mit einem breiten, weichen Pinsel von innen nach außen. Lassen Sie den Karton gut trocknen.

4. Kleben Sie den dekorierten Karton mittig auf die Kartenvorderseite. Schneiden Sie die 3-D-Wellpappestreifen wellig und kleben Sie die Wellen rechts und links auf die Karte.

5. Schneiden Sie die Buchstaben für den Glückwunsch aus dem Regenbogenkarton und kleben Sie diese auf die Karte.

Karte mit Bauernhof

Das brauchen Sie:

weißen Tonkarton, DIN A4
rote 3-D-Wellpappe, DIN A5
weißen Fotokarton, 13 x 13 cm
1 Serviette mit Bauernhof-Motiv (z. B. von PAPSTAR)
gelbe Litze, 1 cm breit, ca. 54 cm lang
bunte Moosgummi-Buchstaben, 2 cm lang
Schere, Klebstoff, Pinsel, Lack-Kleber

1. Falten Sie den weißen Tonkarton in der Mitte auf DIN A5. Bekleben Sie die Kartenvorderseite mit der 3-D-Wellpappe.

2. Schneiden Sie die Serviette passend für den Fotokarton zurecht und ziehen Sie die oberste Schicht der Serviette ab. Legen Sie das Serviettenstück auf das Kartonstück und bestreichen Sie es mit Lack-Kleber.

3. Streichen Sie dabei mit einem breiten, weichen Pinsel von innen nach außen. Lassen Sie den Karton gut trocknen.

4. Kleben Sie den dekorierten Karton mittig auf die Kartenvorderseite. Umranden Sie das Motiv mit der gelben Litze. Zum Schluss kleben Sie die Buchstaben auf.

Karte mit Clowns und Luftballons

Das brauchen Sie:

weißen Tonkarton, DIN A5
gelbe Wellpappe, DIN A6
weißen Fotokarton, 13 x 9 cm
1 Serviette mit Clown-Motiv (z. B. von PAPSTAR)
orangefarbenes und hellblaues Satinband, 3 mm breit, ca. 60 cm lang
Schere, Klebstoff, Pinsel, Lack-Kleber

1. Falten Sie den weißen Tonkarton in der Mitte auf DIN A6. Bekleben Sie die Kartenvorderseite mit gelber Wellpappe.

2. Schneiden Sie die Serviette passend für den Fotokarton zurecht und ziehen Sie die oberste Schicht der Serviette ab. Legen Sie das Serviettenstück auf das Kartonstück und bestreichen Sie es mit Lack-Kleber.

3. Streichen Sie dabei mit einem breiten, weichen Pinsel von innen nach außen. Lassen Sie den Karton gut trocknen.

4. Kleben Sie den dekorierten Karton mittig auf die Kartenvorderseite. Bekleben Sie die Ränder mit orangefarbenem und hellblauem Satinband. Legen Sie das restliche Satinband um den Kartenfalz und binden Sie es seitlich zu einer Schleife.

ZUM
GEBURTSTAG
HAPPY
BIRTHDAY
PARTY
TIME!

Zum Kindergeburtstag

Karte mit drei Teddys

Das brauchen Sie:

weißen Tonkarton, DIN A4
blaues Naturpapier, DIN A5
gelbe Wellpappe, 13 x 18,5 cm
weißen Fotokarton, 11,5 x 16 cm
1 Serviette mit Teddy-Motiv (z. B. von Ihr)
naturfarbenen Bast
Mini-Strohblümchen
Schere, Klebstoff, Pinsel, Lack-Kleber, Basteldraht

1. Falten Sie den weißen Tonkarton in der Mitte auf DIN A5 quer. Bekleben Sie die Kartenvorderseite mit dem Naturpapier und kleben Sie darauf die Wellpappe.

2. Schneiden Sie die Serviette passend für den Fotokarton zurecht und ziehen Sie die oberste Schicht der Serviette ab. Legen Sie das Serviettenstück auf das Kartonstück und bestreichen Sie es mit Lack-Kleber.

3. Streichen Sie dabei mit einem breiten, weichen Pinsel von innen nach außen. Lassen Sie den Karton gut trocknen.

4. Kleben Sie den dekorierten Karton mittig auf die Wellpappe. Legen Sie einen Strang Bast um den Kartenfalz und verknoten Sie ihn auf der linken Seite. Umwickeln Sie die Strohblümchen mit Basteldraht und befestigen Sie das Sträußchen auf dem Bastknoten.

Gestreifte Karte mit Teddyfamilie

Das brauchen Sie:

weißen Tonkarton, DIN A4
blauweiß gestreifte Wellpappe, DIN A5
weißen Fotokarton, 11,5 x 15,5 cm
1 Serviette mit Teddy-Motiv (z. B. von Fasana)
rotes Satinband, 3 mm breit, ca. 60 cm lang
Schere, Klebstoff, Pinsel, Lack-Kleber

1. Falten Sie den weißen Tonkarton in der Mitte auf DIN A5 quer. Bekleben Sie die Kartenvorderseite mit der gestreiften Wellpappe.

2. Schneiden Sie die Serviette passend für den Fotokarton zurecht und ziehen Sie die oberste Schicht der Serviette ab. Legen Sie das Serviettenstück auf das Kartonstück und bestreichen Sie es mit Lack-Kleber.

3. Streichen Sie dabei mit einem breiten, weichen Pinsel von innen nach außen. Lassen Sie den Karton gut trocknen.

4. Kleben Sie den dekorierten Karton mittig auf die Kartenvorderseite. Legen Sie das Satinband um den Kartenfalz und binden Sie es seitlich zu einer Schleife.

Karte mit frechem Mäuschen

Das brauchen Sie:

weißen Strukturkarton, DIN A5
weißen Fotokarton, 8 x 8 cm
1 Serviette mit Mäuse-Motiv (z. B. von PAPSTAR)
rotes Satinband, 3 mm breit, ca. 34 cm lang
2 rosafarbene 3-D-Wellpappestreifen, 11 x 1,5 cm
rote und rosafarbene Tonpapierreste
gelbe Kordel, 3 mm breit, ca. 40 cm lang
Schere, Klebstoff, Pinsel, Lack-Kleber, roten Filzstift

1. Falten Sie den weißen Strukturkarton in der Mitte auf DIN A6.

2. Schneiden Sie die Serviette passend für den Fotokarton zurecht und ziehen Sie die oberste Schicht der Serviette ab.

3. Legen Sie das Serviettenstück auf das Kartonstück und bestreichen Sie es mit Lack-Kleber. Streichen Sie dabei mit einem breiten, weichen Pinsel von innen nach außen. Lassen Sie den Karton gut trocknen.

4. Kleben Sie den dekorierten Karton auf die Kartenvorderseite. Bekleben Sie die Ränder mit dem Satinband.

5. Schneiden Sie die 3-D-Wellpappestreifen wellig und kleben Sie die Streifen oben und unten auf die Karte.

6. Stanzen oder schneiden Sie Herzchen aus den Tonpapierresten und kleben Sie diese auf die Karte.

7. Legen Sie die Kordel um den Kartenfalz und binden Sie sie unten zu einem Knoten.

8. Aus den Enden zupfen Sie kleine Quasten. Zum Schluss schreiben Sie mit dem Filzstift Ihren Glückwunsch auf die Karte.

Zum Geburtstag

Zum Valentinstag

Karte mit großem, rotem Herz

Das brauchen Sie:

weißen Fotokarton, DIN A4
1 Serviette mit großem Herz-Motiv (z. B. von Duni)
goldene Window-Color-Konturenfarbe
2 goldene Wellpappestreifen, 3 x 14,5 cm
rote Satinherzen, Ø 2 cm
rotes Satinband, 1,5 cm breit, ca. 65 cm lang
Schere, Klebstoff, Pinsel, Lack-Kleber

1. Falten Sie den weißen Tonkarton in der Mitte auf DIN A4.

2. Schneiden Sie die Serviette passend für die Dekoration der Vorderseite zurecht und ziehen Sie die oberste Schicht der Serviette ab. Legen Sie das Serviettenstück auf den Fotokarton und bestreichen Sie es mit Lack-Kleber.

3. Streichen Sie dabei mit einem breiten, weichen Pinsel von innen nach außen. Lassen Sie den Karton gut trocknen.

4. Mit der Window-Color-Konturenfarbe umranden Sie das Servietten-Herz und lassen die Farbe gut trocknen.

5. Kleben Sie dann die goldenen Wellpappestreifen oben und unten auf die Karte und wiederum darauf die roten Satinherzen. Umlegen Sie den Kartenfalz mit dem Satinband und binden Sie dieses in der Mitte zu einer Schleife.

Velourskarte mit Herz

Das brauchen Sie:

weißen Tonkarton, DIN A4
rotes Velourspapier, DIN A 5
goldenes Netzband, 6,5 cm breit, 21 cm lang
weißen Fotokarton, 16,5 x 14 cm
1 Serviette mit Herz- und Rosen-Motiv (z. B. von Ambiente)
goldenes Metallband, 5 mm breit, ca. 62 cm lang
beiges Satinband, 2,5 cm breit, ca. 80 cm lang
Schere, Klebstoff, Pinsel, Lack-Kleber

1. Falten Sie den weißen Tonkarton in der Mitte auf DIN A5. Bekleben Sie die Kartenvorderseite mit dem Velourspapier. Kleben Sie mit dem goldenen Netzband eine Streifen auf die Mitte der Karte.

2. Schneiden Sie die Serviette passend für den Fotokarton zurecht und ziehen Sie die oberste Schicht der Serviette ab. Legen Sie das Serviettenstück auf das Kartonstück und bestreichen Sie es mit Lack-Kleber.

3. Streichen Sie dabei mit einem breiten, weichen Pinsel von innen nach außen. Lassen Sie den Karton gut trocknen.

4. Kleben Sie den dekorierten Karton mittig auf die Kartenvorderseite. Bekleben Sie die Ränder mit dem Metallband. Legen Sie das Satinband um den Kartenfalz und binden Sie es seitlich zu einer Schleife.

Karte mit Doppelherz

Das brauchen Sie:

weißen Tonkarton, DIN A5
gelbes Tonpapier, DIN A 6
pinkfarbene Wellpappe, 13 x 8,5 cm
2 weiße Fotokartonstücke, 8 x 8 cm
1 gelbe Rosenserviette (z. B. von PAPSTAR)
1 Serviette mit Rosen-Herz-Motiv (z. B. von Ihr)
1 gelbe Marabufeder
pinkfarbenes Satinband, 5 mm breit, ca. 20 cm lang
Schere, Klebstoff, Pinsel, Lack-Kleber, roten Filzstift

1. Falten Sie den weißen Tonkarton in der Mitte auf DIN A6. Bekleben Sie die Kartenvorderseite mit dem gelben Tonpapier. Kleben Sie darauf mittig das Wellpappestück.

2. Schneiden Sie aus dem Fotokarton zwei Herzen (Ø 7,5 cm) aus. Schneiden Sie die Servietten passend für die Fotokartonherzen zurecht und ziehen Sie die oberste Schicht der Servietten ab. Legen Sie die Serviettenstücke auf die Kartonstücke und bestreichen Sie sie mit Lack-Kleber.

3. Streichen Sie dabei mit einem breiten, weichen Pinsel von innen nach außen. Lassen Sie die Kartonherzen gut trocknen.

4. Kleben Sie die Herzen schräg übereinander auf die Wellpappe. Beschriften Sie den gelben Tonpapierrand mit dem roten Filzstift. Kleben Sie die Marabu-Feder auf das untere Herz und darauf ein Schleifchen aus dem Satinband.

ALLES LIEBE ZUM
VALENTINSTAG
ALLES LIEBE
ALLES LIEBE ZUM VALENTINSTAG
La vie en rose
La vie en rose
La vie en rose
Just For You
My love is like a red red rose,

Zur Verlobung und Hochzeit

Rosenkarte

Das brauchen Sie:

weißen Fotokarton, DIN A5
1 Serviette mit durchgehendem Rosen-Motiv (z. B. von Duni)
rosa 3-D-Wellpappe, 14,5 x 3,5 cm
weiße Spitze, 1,5 cm breit, 15 cm lang
weißen Tonkartonrest, 3 x 6 cm
2 unterschiedlich große, goldene Gardinenringe
1 kleine, weiße Schleifen-Applikation, ca. 5 cm breit
Schere, Klebstoff, Pinsel, Lack-Kleber, goldenen Lackstift

1. Falten Sie den Fotokarton in der Mitte auf DIN A6. Schneiden Sie die Serviette passend für die Kartenvorderseite zurecht und ziehen Sie die oberste Schicht der Serviette ab.

2. Legen Sie das Serviettenstück auf das Kartonstück und bestreichen Sie es mit Lack-Kleber. Streichen Sie dabei mit einem breiten, weichen Pinsel von innen nach außen. Lassen Sie den Karton gut trocknen.

3. Kleben Sie das 3-D-Wellpappestück rechts als Rand auf die Karte und darauf die Spitze.

4. Malen Sie mit dem goldenen Lackstift einen Rahmen auf das weiße Tonkartonschild und beschriften Sie es. Kleben Sie das Schild und die Gardinenringe schräg auf die Karte. Zum Schluss kleben Sie die Schleifen-Applikation auf.

Karte mit viel Herz

Das brauchen Sie:

weißen Fotokarton, DIN A5
1 Serviette mit Herz-Motiven (z. B. von Duni)
Goldband, 3 mm breit, 52 cm lang
roten Wellpapperest, 7 x 7 cm
weißen Wellpapperest, 5,5 x 5,5 cm
1 vorgefertigten, goldenen Schriftzug „Zur Vermählung"Goldfaden,
3 Mini-Strohblümchen, Ø ca. 8 mm
2 unterschiedlich große, goldene Gardinenringe, Schere, Klebstoff, Pinsel, Lack-Kleber

1. Falten Sie den weißen Fotokarton in der Mitte auf DIN A6. Schneiden Sie die Serviette passend für die Kartenvorderseite zurecht und ziehen Sie die oberste Schicht der Serviette ab.

2. Legen Sie das Serviettenstück auf den Karton und bestreichen Sie es mit Lack-Kleber. Streichen Sie dabei mit einem breiten, weichen Pinsel von innen nach außen. Lassen Sie den Karton gut trocknen.

3. Bekleben Sie die Ränder der Karte mit dem Goldband. Kleben Sie das rote Wellpappestück auf. Schneiden Sie aus der weißen Wellpappe ein Herz aus und kleben Sie es auf die rote Wellpappe. Bringen Sie den Schriftzug auf dem Herz an.

4. Binden Sie aus dem Goldfaden eine Schleife. Kleben Sie diese mit den Strohblümchen auf die Herzspitze. Zum Schluss kleben Sie die Gardinenringe oben auf das Herz.

Karte mit Herz-Passepartout

Das brauchen Sie:

weißen Fotokarton, 14,5 x 31 cm
1 Serviette mit durchgehendem Rosen-Motiv (z. B. von Duni)
pinkfarbenes Satinband, 3 mm breit, ca. 52 cm lang
rosa Litze, 8 mm breit, ca. 30 cm lang
2 unterschiedlich große, goldene Gardinenringe
Schere, Klebstoff, Pinsel, Lack-Kleber

1. Falten Sie den weißen Fotokarton zweimal zu einer Klappkarte. Schneiden Sie ein ca. 7,5 cm breites Herz mittig aus der Vorderseite der Karte aus. Schneiden Sie die Serviette passend für die eingeklappte Seite der Karte zurecht und ziehen Sie die oberste Schicht der Serviette ab.

2. Legen Sie das Serviettenstück auf den Karton und bestreichen Sie es mit Lack-Kleber.

3. Streichen Sie dabei mit einem breiten, weichen Pinsel von innen nach außen. Lassen Sie den Karton gut trocknen.

4. Bekleben Sie die Ränder der Karte mit dem Satinband. Umkleben Sie den Herzausschnitt mit der Litze. Zum Schluss kleben Sie die Gardinenringe auf.

Zur Vermählung
Zur Verlobung

Zur Hochzeit

Karte mit Rosenknospe

Das brauchen Sie:

weißen Tonkarton, DIN A4
rosa 3-D-Wellpappe, DIN A5
hellblauen Tonkarton, 18 x 12,5 cm
weiße Spitze, 2 cm breit, ca. 65 cm lang
weißen Fotokarton, ca. 17 x 13 cm
1 Serviette mit Rosenknospen-Motiv (z. B. von Dumi)
1 Streifen beiges Naturpapier, 4,5 x 9 cm
2 unterschiedlich große, goldene Gardinenringe
Schere, Klebstoff, Pinsel, Lack-Kleber, roten Lackstift

1. Falten Sie den weißen Tonkarton in der Mitte auf DIN A5. Bekleben Sie die Kartenvorderseite mit der 3-D-Wellpappe. Kleben Sie darauf mittig das hellblaue Tonkartonstück. Kleben Sie mit der zarten Spitze einen Rahmen.

2. Schneiden Sie die Serviette passend für das Fotokartonstück zurecht und ziehen Sie die oberste Schicht der Servietten ab. Legen Sie das Serviettenstück auf den Karton und bestreichen Sie es mit Lack-Kleber.

3. Streichen Sie dabei mit einem breiten, weichen Pinsel von innen nach außen. Lassen Sie den Karton gut trocknen. Schneiden Sie die Knospe, den Stängel und die Blätter konturengenau aus. Kleben Sie das Motiv auf die Karte.

4. Beschriften Sie das Naturpapier mit dem Lackstift und kleben Sie das Schildchen mit den Gardinenringen rechts unten schräg auf die Karte.

Karte mit Herzausschnitt

Das brauchen Sie:

weißen Fotokarton, DIN A4
1 rosaweiß gemusterte Serviette (z. B. von Home Fashion)
weiße Spitze, 2 cm breit, ca. 72 cm lang
weißgoldenes und rosafarbenes Satinband, 3 mm breit, 20 cm lang
1 weiße Marabufeder
2 unterschiedlich große, goldene Gardinenringe
goldenes Band, 5 mm breit, ca. 48 cm lang
Schere, Klebstoff, Pinsel, Lack-Kleber, roten Filzstift

1. Falten Sie den weißen Fotokarton in der Mitte auf DIN A5. Schneiden Sie die Serviette passend für die Kartenvorderseite zurecht und ziehen Sie die oberste Schicht der Serviette ab.

2. Legen Sie das Serviettenstück auf das Kartonstück und bestreichen Sie es mit Lack-Kleber.

3. Streichen Sie dabei mit einem breiten, weichen Pinsel von innen nach außen. Lassen Sie den Karton gut trocknen.

4. Zeichnen Sie ein ca. 10 cm breites Herz mittig auf die Vorderseite der Karte und schneiden Sie es aus.

5. Beschriften Sie die Innenseite der Karte so mit Ihrem Glückwunsch, dass dieser im Herzausschnitt steht.

6. Bekleben Sie die Ränder der Karte mit der Spitze. Binden Sie Schleifen aus den Satinbändern und kleben Sie diese mit der Feder und den Ringen unten rechts auf die Karte.

7. Umlegen Sie den Kartenfalz mit dem Goldband, das Sie unten zu einer kleinen Schleife binden.

Zur Hochzeit
alle
guten Wünsche
Zur
Hochzeit

Zur silbernen und goldenen Hochzeit

Karte für die silberne Hochzeit

Das brauchen Sie :

weißen Tonkarton, DIN A4
silberne 3-D-Wellpappe, DIN A5
weißen Fotokarton, 21 x 13,5 cm
1 Serviette mit Blüten-Motiv (z. B. von Herlitz)
weiße Spitze, 5 cm breit, 21 cm lang
weißes Rosenband, 3,5 cm breit, 21 cm lang
weißes Organzaband mit Randstreifen, 4 cm breit, ca. 30 cm lang
weißes Satinband, 5 mm breit, ca. 30 cm lang
silbernes Band, 2 mm breit, ca. 30 cm lang
silberne Perlenschnur, ca. 30 cm lang
2 unterschiedlich große, goldene Gardinenringe
Schere, Klebstoff, Pinsel, Lack-Kleber

1. Falten Sie den weißen Tonkarton in der Mitte auf DIN A5. Bekleben Sie die Vorderseite mit der 3-D-Wellpappe.

2. Schneiden Sie die Serviette passend für den Fotokarton zurecht und ziehen Sie die oberste Schicht der Serviette ab. Legen Sie das Serviettenstück auf das Kartonstück und bestreichen Sie es mit Lack-Kleber.

3. Streichen Sie dabei mit einem breiten, weichen Pinsel von innen nach außen. Lassen Sie den Karton gut trocknen.

4. Schneiden Sie in den beklebten Karton Bogen und kleben Sie ihn auf die Wellpappe.

5. Kleben Sie die Spitze und darauf das weiße Rosenband auf den linken Rand der Karte. Aus den anderen Bändern und der Perlenschnur binden Sie Schleifen und kleben diese übereinander oben auf die Bandverzierung. Zum Schluss kleben Sie die Gardinenringe auf die oberste Schleife.

Karte für die goldene Hochzeit

Das brauchen Sie :

weißen Tonkarton, DIN A4
goldene 3-D-Wellpappe, DIN A5
weißen Fotokarton, 21 x 13,5 cm
1 Serviette mit Rosen-Motiv (z. B. von Atelier)
goldenes Band, 30 mm breit, ca. 1 m lang
goldene Perlenschnur, ca. 8 cm lang
2 unterschiedlich große, goldene Gardinenringe
Schere, Klebstoff, Pinsel, Lack-Kleber

1. Falten Sie den weißen Tonkarton in der Mitte auf DIN A5. Bekleben Sie die Vorderseite mit der 3-D-Wellpappe.

2. Schneiden Sie die Serviette passend für den Fotokarton zurecht und ziehen Sie die oberste Schicht der Serviette ab. Legen Sie das Serviettenstück auf das Kartonstück und bestreichen Sie es mit Lack-Kleber.

3. Streichen Sie dabei mit einem breiten, weichen Pinsel von innen nach außen. Lassen Sie den Karton gut trocknen.

4. Schneiden Sie in den beklebten Karton Bogen und kleben Sie ihn auf die Wellpappe. Umlegen Sie den Kartenfalz mit dem Goldband, binden Sie aus dem restlichen Band kleine Schleifen und kleben Sie diese zusammen mit der Perlenschnur links oben auf die Karte.

5. Zum Schluss kleben Sie die Gardinenringe links oben auf die Wellpappe.

Zur Geburt und Taufe

Hellblaue Karte mit Blume

Das brauchen Sie:

weißen Fotokarton, 21 x 20 cm
1 Serviette mit hellblauem Blüten-Motiv (z. B. von Herlitz)
weiße Papierspitze (Tortendeckchen)
türkisfarbene Krepppapierreste
weiße Kordel, 5 mm breit, ca. 50 cm lang
2 türkisfarbene Herzperlen
1 hellblaues Kunststoff-Herz, Ø 2,5 cm
weißes Satinband, 2 mm breit, ca. 60 cm lang
1 hellblaues Stoffblümchen, Ø ca. 1 cm
Schere, Klebstoff, Pinsel, Lack-Kleber

1. Falten Sie den weißen Fotokarton in der Mitte auf Lang DIN quer. Schneiden Sie die Serviette passend für die Vorderseite der Karte zurecht.

2. Ziehen Sie die oberste Schicht der Serviette ab. Legen Sie das Serviettenstück auf den Karton und bestreichen Sie es mit Lack-Kleber.

3. Streichen Sie dabei mit einem breiten, weichen Pinsel von innen nach außen. Lassen Sie den Karton gut trocknen.

4. Hinterkleben Sie weiße Papierspitze mit Krepppapier und verzieren Sie damit die unteren Ecken der Karte. Umlegen Sie den Kartenfalz mit der Kordel und verknoten Sie diese auf der Vorderseite.

5. Ziehen Sie die Kordelenden durch die Herzperlen und fixieren Sie die Enden durch Knoten. Kleben Sie das Kunststoff-Herz auf die Kordel. Binden Sie Schleifen mit langen Enden aus dem Satinband und kleben Sie diese zusammen mit dem Blümchen auf die Kordel oberhalb des Herzens.

Gelbe Karte mit Tier-Motiv

Das brauchen Sie:

weißen Tonkarton, DIN A 4
gelbe 3-D-Wellpappe, DIN A 5
weißen Fotokarton, 18,5 x 13 cm
1 Serviette mit Tiermotiv in Pastellfarben (z. B. von Design Ware)
hellblaue Litze, 7 mm breit, ca. 67 cm lang
hellblaues Satinband, 3 mm breit, ca. 70 cm lang
hellblaues Satinband, 1,5 cm breit, ca. 40 cm lang
Schere, Klebstoff, Pinsel, Lack-Kleber

1. Falten Sie den weißen Tonkarton auf DIN A 5. Bekleben Sie die Vorderseite der Karte mit der Wellpappe. Schneiden Sie die Serviette passend für das Fotokartonstück zurecht. Ziehen Sie die oberste Schicht der Serviette ab. Legen Sie das Serviettenstück auf den Karton und bestreichen Sie es mit Lack-Kleber.

2. Streichen Sie dabei mit einem breiten, weichen Pinsel von innen nach außen. Lassen Sie den Karton gut trocknen.

3. Kleben Sie den Karton mittig auf die Wellpappe. Bekleben Sie die Ränder mit der Litze. Umlegen Sie den Kartenfalz mit dem dünnen Satinband, das Sie auf der Kartenmitte verknoten.

4. Lassen Sie die Enden hängen. Binden Sie aus dem breiteren Satinband eine Schleife und befestigen Sie diese am Satinband.

Rosafarbene Karte mit Glückskäfer

Das brauchen Sie:

weißen Fotokarton, 21 x 14,8 cm
1 Serviette mit Blüten-Motiv in Pastellfarben (z. B. von Herlitz)
rosa Satinband, 5 mm breit, ca. 70 cm lang
2 weiße Papierstreifen, 2 x 9 cm
1 pinkfarbene Marabufeder
1 Holz-Glückskäfer, Ø ca. 2,5 cm
Schere, Klebstoff, Pinsel, Lack-Kleber, Zackenschere, dünnen, schwarzen Filzstift

1. Falten Sie den weißen Fotokarton in der Mitte auf ein Querformat. Die Klappkarte zeigt nach unten. Schneiden Sie die Serviette passend für die Vorderseite der Karte zurecht. Ziehen Sie die oberste Schicht der Serviette ab. Legen Sie das Serviettenstück auf den Karton und bestreichen Sie es mit Lack-Kleber.

2. Streichen Sie dabei mit einem breiten, weichen Pinsel von innen nach außen. Lassen Sie den Karton gut trocknen.

3. Bekleben Sie den Kartenrand mit dem Satinband. Schneiden Sie die Ränder der Papierstreifen mit der Zackenschere in Form, beschriften Sie sie mit Ihrem Glückwunsch und kleben Sie die Streifen schräg auf die Karte.

4. Kleben Sie die Feder über die linke Seite der Streifen, befestigen Sie darauf kleine Schleifen aus dem restlichen Satinband und kleben Sie den Käfer darauf.

Rosafarbene Karte mit Kinderwagen

Das brauchen Sie:

weißen Fotokarton, 10,5 x 30 cm
1 Serviette mit rosa Blüten-Motiv (z. B. von Duni)
weiße 3-D-Wellpappe, 3,5 x 10,5 cm
weiße Spitze, 2 cm breit, 10,5 cm lang
rotes Satinband, 1,5 cm breit, ca. 45 cm lang
weißes Spitzenband, 1 cm breit, 10 cm lang
Herz aus rosa Glanzkarton, Ø 5 cm
1 Holzstreuteil „Kinderwagen“, ca. 3,5 cm breit
Schere, Klebstoff, Pinsel, Lack-Kleber, roten Filzstift

1. Falten Sie den weißen Fotokarton in der Mitte auf ein Querformat. Schneiden Sie die Serviette passend für die Vorderseite der Karte zurecht. Ziehen Sie die oberste Schicht der Serviette ab. Legen Sie das Serviettenstück auf den Karton und bestreichen Sie es mit Lack-Kleber.

2. Streichen Sie dabei mit einem breiten, weichen Pinsel von innen nach außen. Lassen Sie den Karton gut trocknen.

3. Schneiden Sie die offene Seite der Karte in Wellen. Schneiden Sie die Wellpappe auf einer Seite in Wellen und kleben Sie diese ca. 7 mm nach hinten versetzt auf die Karte. Kleben Sie das breite Spitzenband im Anschluss daran auf.

4. Binden Sie eine Schleife aus dem Satinband, kleben Sie diese schräg auf die Karte, darauf das schmale, in der Mitte gefaltete Spitzenband, darauf wiederum das mit dem Filzstift beschriftete Herz und zum Schluss den Kinderwagen.

Zum Muttertag

Karierte Karte

Das brauchen Sie:

weißen Fotokarton, DIN A4
1 Serviette mit hellem Karo-Motiv (z. B. von Duni)
1 rotes Tonkarton-Herz, Ø ca. 11,5 cm
gelbe Kordel, 3 mm breit, 35 cm lang
gelbes und rotes Satinband, 3 mm breit, ca. 65 cm lang
1 Seidenblatt, Ø ca. 8 cm
1 Papp-Glückskäfer, ca. 5 cm lang
2 Seiden-Efeublättchen, 2,5 cm lang
1 weißrote Stoffblüte, Ø 2,5 cm
Schere, Klebstoff, Pinsel, Lack-Kleber, weißen Lackstift

1. Falten Sie den weißen Fotokarton in der Mitte auf DIN A5. Schneiden Sie die Serviette passend für die Vorderseite der Karte zurecht.

2. Ziehen Sie die oberste Schicht der Serviette ab. Legen Sie das Serviettenstück auf den Karton und bestreichen Sie es mit Lack-Kleber.

3. Streichen Sie dabei mit einem breiten, weichen Pinsel von innen nach außen. Lassen Sie den Karton gut trocknen.

4. Bekleben Sie die Form des Tonkarton-Herzens mit der Kordel. Beschriften Sie das Herz mit dem Lackstift und kleben Sie es schräg auf die Karte. Kleben Sie das rote und das gelbe Satinband nebeneinander längs und quer auf die Karte.

5. Kleben Sie das Blatt, den Käfer und die Efeublättchen auf. Binden Sie aus dem restlichen Band eine kleine Doppelschleife und kleben Sie diese mit der Blüte auf die Efeublätter.

Karte mit gelber Blütenrispe

Das brauchen Sie:

weißen Tonkarton, DIN A4
gelbe Wellpappe, DIN A5
weiße 3-D-Wellpappe, 19 x 12,5 cm
weißen Fotokarton, 17 x 14 cm
1 Serviette mit gelbem Blütenrispen-Motiv (z. B. von Home Fashion)
1 rotes Tonkarton-Herz, Ø 7,5 cm
Schere, Klebstoff, Pinsel, Lack-Kleber, weiße und rote Window-Color-Konturenfarbe

1. Falten Sie den weißen Tonkarton in der Mitte auf DIN A5. Bekleben Sie die Kartenvorderseite mit der gelben Wellpappe und kleben Sie die 3-D-Wellpappe mittig darauf.

2. Schneiden Sie die Serviette passend für das Fotokartonstück zurecht. Ziehen Sie die oberste Schicht der Serviette ab. Legen Sie das Serviettenstück auf den Karton und bestreichen Sie es mit Lack-Kleber. Streichen Sie dabei mit einem breiten, weichen Pinsel von innen nach außen. Lassen Sie den Karton gut trocknen.

3. Schneiden Sie das Blütenmotiv großzügig aus und kleben Sie es auf die Karte. Kleben Sie das Herz als Abschluss auf die Rispe. Beschriften Sie das Herz mit weißer Konturenfarbe. Ziehen Sie mit roter Konturenfarbe auf der gelben Wellpappe eine dünne Umrandungslinie. Lassen Sie die Farben 10 Stunden trocknen.

Karte mit kleinen Blüten

Das brauchen Sie:

weißen Strukturkarton, DIN A5
1 gelbe Serviette mit kleinem Blättchen-Motiv (z. B. von PAPSTAR)
gelbes Moon-Rock-Baumwollpapier, 8,5 x 7,5 cm
1 Serviette mit kleinen Blüten (z. B. von PAPSTAR)
grüne Litze, 1 cm breit, 45 cm lang
gelbes Satinband, 3 mm breit, ca. 40 cm lang, grünes Satinband, 3 mm breit, ca. 15 cm lang, Stroh
1 rotes Herzchen, Ø ca. 1 cm
Schere, Klebstoff, Pinsel, Lack-Kleber, grünen Filzstift

1. Falten Sie den weißen Karton in der Mitte auf DIN A6. Schneiden Sie einen ca. 1,5 cm breiten Rand aus der gelben Serviette aus, ziehen Sie die oberste Serviettenschicht ab und bekleben Sie die Ränder der Kartenvorderseite damit, indem Sie die Serviette mit Lack-Kleber von innen nach außen bestreichen. Lassen Sie die Karte trocknen.

2. In der Zwischenzeit bekleben Sie das Moon-Rock-Papier auf gleiche Weise mit den ausgeschnittenen Blümchenmotiven der zweiten Serviette.

3. Bekleben Sie die getrocknete Karte mit der grünen Litze und beschriften Sie sie mit dem Filzstift.

4. Kleben Sie das Moon-Rock-Papier mittig auf die Karte und umkleben Sie das Servietten-Motiv mit gelbem Satinband.

5. Das restliche gelbe sowie das grüne Satinband binden Sie zu je einer Minischleife, die Sie mit dem Stroh und dem Herz rechts unten auf das Moon-Rock-Papier kleben.

Zum Muttertag
Zum Muttertag
Für meine Mutti
Danke

Zu Ostern

Karte mit Ostergras

Das brauchen Sie:

weißen Fotokarton, DIN A4
1 grüne Serviette mit zartem Blümchen-Motiv (z. B. von Duni)
etwas Ostergras
bunte Moosgummi-Reste
Holzstreuteile (Sonne, Gans, Huhn)
rote Tonkartonreste
gelbes Band mit weißen Pünktchen, 2,5 cm breit, ca. 80 cm lang
Schere, Klebstoff, Pinsel, Lack-Kleber

1. Falten Sie den weißen Karton in der Mitte auf DIN A5 quer. Schneiden Sie die Serviette passend für die Kartenvorderseite zurecht, ziehen Sie die oberste Serviettenschicht ab und bekleben Sie die Karte damit, indem Sie die Serviette mit Lack-Kleber von innen nach außen bestreichen. Lassen Sie die Karte trocknen.

2. Bekleben Sie den unteren Teil der Karte mit Ostergras. Schneiden Sie kleine Eier aus buntem Moosgummi und kleben Sie diese und die Holzstreuteile auf die Karte.

3. Aus rotem Tonkarton schneiden Sie die Buchstaben für Ihren Gruß aus und kleben diese auf die Karte.

4. Zum Schluss legen Sie das Band um den Kartenfalz, kleben es außen auf der Kartenvorder- und -rückseite fest und binden es seitlich zu einer Schleife.

Fröhliches Huhn

Das brauchen Sie:

weißen Tonkarton, DIN A5
rotweiß gepunkteten Tonkarton, DIN A6
orangefarbenes Tonpapier, 13,5 x 9 cm
weißen Fotokarton, 8,5 x 7,5 cm
1 Serviette mit lustigem Hühner-Motiv (z. B. von Atelier)
2 gelbe 3-D-Wellpappe-Streifen, 2 x 10,5 cm
Schere, Klebstoff, Pinsel, Lack-Kleber, rote Window-Color-Konturenfarbe

1. Falten Sie den weißen Tonkarton in der Mitte auf DIN A6. Bekleben Sie die Kartenvorderseite mit dem gepunkteten Tonkarton und kleben Sie das Tonpapier mittig darauf.

2. Schneiden Sie die Serviette passend für das Fotokartonstück zurecht. Ziehen Sie die oberste Schicht der Serviette ab.

3. Legen Sie das Serviettenstück auf den Karton und bestreichen Sie es mit Lack-Kleber.

4. Streichen Sie dabei mit einem breiten, weichen Pinsel von innen nach außen. Lassen Sie den Karton gut trocknen. In der Zwischenzeit beschriften Sie die Karte mit der Window-Color-Konturenfarbe. Die Farbe muss 10 Stunden trocknen, bis sie fest ist.

5. Kleben Sie das Servietten-Motiv mittig auf die Karte. Verzieren Sie die Karte mit den wellig geschnittenen Wellpappestreifen.

Klassisches Huhn

Das brauchen Sie:

weißen Tonkarton, DIN A5
orangefarbenes Tonpapier, DIN A6
Hanfband, 4 cm breit, 12 cm lang
weißen Fotokarton, 10,5 x 9 cm
1 Serviette mit Hühner-Motiv (z. B. von Paper Products)
gedrehte Paketschnur, 3 mm breit, ca. 52 cm lang
hellgrünen Bast
orangefarbenes und gelbes Satinband, 3 mm breit, ca. 30 cm lang
1 gelbe Holzblume, Ø ca. 4 cm
Schere, Klebstoff, Pinsel, Lack-Kleber, roten Filzstift

1. Falten Sie den weißen Tonkarton in der Mitte auf DIN A6. Bekleben Sie die Kartenvorderseite mit dem Tonpapier. Kleben Sie das Hanfband oben schräg über die Karte.

2. Schneiden Sie die Serviette passend für das Fotokartonstück zurecht. Ziehen Sie die oberste Schicht der Serviette ab. Legen Sie das Serviettenstück auf den Karton und bestreichen Sie es mit Lack-Kleber.

3. Streichen Sie dabei mit einem breiten, weichen Pinsel von innen nach außen. Lassen Sie den Karton gut trocknen.

4. Kleben Sie das Servietten-Motiv auf die Karte. Bekleben Sie den Kartenrand mit der Paketschnur.

5. Binden Sie aus dem Bast und den Satinbändern Schleifen mit langen Enden und kleben Sie diese oben rechts auf die Karte.

6. Beschriften Sie die Holzblüte und kleben Sie diese auf die Schleifen.

FROHE OSTERN
OSTERGRÜßE
FROHE OSTERN

Zu Ostern

Karte mit Narzissen

Das brauchen Sie:

weißen Tonkarton, DIN A4
beiges Naturpapier, DIN A5
gelbes Moon-Rock-Baumwollpapier, 14 x 11 cm
grüngelb kariertes Band, 4 cm breit, 21 cm lang
weißen Fotokarton, 15 x 13 cm
1 Serviette mit Narzissen-Motiv (z. B. von Home Fashion)
bunte Gräser
1 Holzstreuteil „Biene", ca. 3,5 cm lang
hellgrünen Bast
Schere, Klebstoff, Pinsel, Lack-Kleber, rote Window-Color-Konturenfarbe

1. Falten Sie den weißen Tonkarton in der Mitte auf DIN A5. Bekleben Sie die Kartenvorderseite mit dem Naturpapier und kleben Sie die das Moon-Rock-Baumwollpapier darauf. Kleben Sie das Band seitlich auf.

2. Schneiden Sie die Serviette passend für das Fotokartonstück zurecht. Ziehen Sie die oberste Schicht der Serviette ab. Legen Sie das Serviettenstück auf den Karton und bestreichen Sie es mit Lack-Kleber.

3. Streichen Sie dabei mit einem breiten, weichen Pinsel von innen nach außen. Lassen Sie den Karton gut trocknen. Schneiden Sie nun das Blumenmotiv konturengetreu aus.

4. Kleben Sie das Servietten-Motiv und die Gräser auf die Karte. Umlegen Sie den Kartenfalz mit Bast und binden Sie diesen unten zu einer Schleife. Mit der Window-Color-Konturenfarbe schreiben Sie Ihren Gruß unten rechts auf die Karte und lassen die Farbe 10 Stunden trocknen.

Frohe Ostergrüße

Das brauchen Sie:

weißen Fotokarton, DIN A5
1 bunt gemusterte Serviette (z. B. von Herlitz)
rote Litze, 7 mm breit, ca. 74 cm lang
weißen Tonkarton, 4,5 x 8 cm
rote Kordel, 2 mm breit, ca. 70 cm lang
1 Holzstreuteil „Biene", 3,5 cm lang
Schere, Klebstoff, Pinsel, Lack-Kleber, roten Filzstift

1. Falten Sie den weißen Fotokarton in der Mitte auf DIN A6. Schneiden Sie die Serviette passend für die Karte zurecht. Ziehen Sie die oberste Schicht der Serviette ab. Legen Sie das Serviettenstück auf den Karton und bestreichen Sie es mit Lack-Kleber.

2. Streichen Sie dabei mit einem breiten, weichen Pinsel von innen nach außen. Lassen Sie den Karton gut trocknen.

3. Bekleben Sie den Kartenrand rundum mit der Litze. Runden Sie die Ecken des Tonkartonstückes ab, beschriften Sie das Schild mit dem Filzstift, umkleben Sie den Rand des Schildes mit roter Kordel und kleben Sie es zusammen mit der Holzbiene schräg auf die Karte.

4. Umlegen Sie den Kartenfalz mit der restlichen roten Kordel und binden Sie diese in der Kartenmitte zu einer kleinen Schleife.

Karte mit Osterhase

Das brauchen Sie:

weißen Tonkarton, DIN A4
gelbes Tonpapier, DIN A5
Hanfband, 4 cm breit, 21 cm lang
weißen Fotokarton, 15 x 12 cm
1 Serviette mit Hasen-Motiv (z. B. Paper Products)
Gräser und Bast, gelbweiß kariertes Band, 1 cm breit, ca. 20 cm lang,
1 grünen Tonkartonstreifen, 2,5 x 10,5 cm
gedrehte Paketschnur, 3 mm breit, ca. 44 cm lang, Schere, Klebstoff, Pinsel, Lack-Kleber, roten Filzstift

1. Falten Sie den weißen Tonkarton in der Mitte auf DIN A5. Bekleben Sie die Kartenvorderseite mit dem Tonpapier und kleben Sie das Hanfband auf die Karte.

2. Schneiden Sie die Serviette passend für das Fotokartonstück zurecht. Ziehen Sie die oberste Schicht der Serviette ab.

3. Legen Sie das Serviettenstück auf den Karton und bestreichen Sie es mit Lack-Kleber.

4. Streichen Sie dabei mit einem breiten, weichen Pinsel von innen nach außen. Lassen Sie den Karton gut trocknen.

5. Kleben Sie das Servietten-Motiv auf die Karte. Binden Sie eine Schleife aus dem karierten Band um Gräser und etwas Stroh und kleben Sie das Ganze seitlich links auf. Beschriften Sie den grünen Tonkartonstreifen mit Ihrem Gruß und kleben Sie das Schild oben auf die Karte. Umlegen Sie den Kartenfalz mit der Paketschnur.

Lachender Hase

Das brauchen Sie:

weißen Tonkarton, DIN A4
rotes Tonpapier, DIN A5
gelbe Wellpappe, 18 x 12 cm
rotweiß kariertes Band, 1,5 cm breit, 30 cm lang
weißen Fotokarton, 10,8 x 12,5 cm
1 Serviette mit Hasen-Motiv (z. B. von Atelier)
bunte Gräser und Mini-Strohblümchen
rotweiß kariertes Band, 1 cm breit, ca. 20 cm lang
1 Streifen weißen Strukturkarton, 2,5 x 14 cm
Schere, Klebstoff, Pinsel, Lack-Kleber, rote Window-Color-Konturenfarbe

1. Falten Sie den weißen Tonkarton in der Mitte auf DIN A5. Bekleben Sie die Kartenvorderseite mit dem roten Tonpapier und kleben Sie die Wellpappe mittig darauf. Bekleben Sie die Karte oben und unten mit dem breiteren, karierten Band.

2. Schneiden Sie die Serviette passend für das Fotokartonstück zurecht. Ziehen Sie die oberste Schicht der Serviette ab. Legen Sie das Serviettenstück auf den Karton und bestreichen Sie es mit Lack-Kleber.

3. Streichen Sie dabei mit einem breiten, weichen Pinsel von innen nach außen. Lassen Sie den Karton gut trocknen.

4. Kleben Sie das Servietten-Motiv mittig auf die Wellpappe. Legen Sie ein Sträußchen aus den Naturmaterialien, binden Sie ein Schleifchen aus dem schmalen Karoband und kleben Sie beides rechts unten auf die Karte. Beschriften Sie den Strukturkarton-Streifen mit der Window-Color-Konturenfarbe und malen Sie einen Rahmen auf das Schild.

5. Lassen Sie die Farbe 10 Stunden trocknen und kleben Sie das Schild oben auf die Karte.

Zu Weihnachten

Karte mit Schneemann

Das brauchen Sie:

weißen Tonkarton, DIN A4
blaues Tonpapier, DIN A5
weißen Fotokarton, 19 x 14 cm
blaues Moosgummi, 19 x 14 cm
1 Serviette mit Schneemann-Motiv (z. B. von Herlitz)
Schere, Klebstoff, Pinsel, Lack-Kleber, weiße Window-Color-Konturenfarbe

1. Falten Sie den weißen Tonkarton in der Mitte auf DIN A5. Bekleben Sie die Kartenvorderseite mit dem Tonpapier.

2. Schneiden Sie die Serviette passend für das Fotokartonstück zurecht. Ziehen Sie die oberste Schicht der Serviette ab.

3. Legen Sie das Serviettenstück auf den Karton und bestreichen Sie es mit Lack-Kleber. Streichen Sie dabei mit einem breiten, weichen Pinsel von innen nach außen. Lassen Sie den Karton gut trocknen.

4. Kleben Sie den bezogenen Karton auf das Moosgummi, schneiden Sie den Schneemann konturengerecht aus und kleben Sie das Servietten-Motiv auf die Karte.

5. Mit der Window-Color-Konturenfarbe ziehen Sie einen feinen Rahmen um die Karte und malen Schneekristalle und Pünktchen auf den blauen Untergrund. Lassen Sie die Farbe 10 Stunden trocknen.

Kirchlein bei Nacht

Das brauchen Sie:

weißen Tonkarton, 14,5 x 21 cm
blaue Wellpappe mit Goldsternen, 14,5 x 10,5 cm
weißen Fotokarton, 9,5 x 9,5 cm
blaues Moosgummi, 9,5 x 9,5 cm
1 Serviette mit Weihnachts-Motiv (z. B. von Herlitz)
Schere, Klebstoff, Pinsel, Lack-Kleber, goldene Window-Color-Konturenfarbe

1. Falten Sie den Tonkarton in der Mitte. Bekleben Sie die Vorderseite der Karte mit der Wellpappe.

2. Schneiden Sie die Serviette passend für das Fotokartonstück zurecht. Ziehen Sie die oberste Schicht der Serviette ab. Legen Sie das Serviettenstück auf den Karton und bestreichen Sie es mit Lack-Kleber. Streichen Sie dabei mit einem breiten, weichen Pinsel von innen nach außen. Lassen Sie den Karton gut trocknen.

3. Kleben Sie den bezogenen Fotokarton auf das Moosgummi und umrahmen Sie das Motiv mit der Window-Color-Konturenfarbe.

4. Ziehen Sie mit der Farbe ebenso einen Rahmen auf der blauen Wellpappe und erstellen Sie den Schriftzug für Ihren Gruß. Lassen Sie die Farbe 10 Stunden trocknen.

Russische Weihnacht

Das brauchen Sie:

weißen Tonkarton, 14,5 x 21 cm
goldene 3-D-Wellpappe, 14,5 x 10,5 cm
weißen Fotokarton, 13 x 9 cm
1 Serviette mit Weihnachts-Motiv (z. B. von Herlitz)
goldene Perlenschnur, ca. 60 cm lang
Goldband, 3 mm breit, ca. 30 cm lang
1 kleine Goldtrompete, ca. 3 cm lang
Schere, Klebstoff, Pinsel, Lack-Kleber

1. Falten Sie den Tonkarton in der Mitte. Bekleben Sie die Vorderseite der Karte mit der Wellpappe.

2. Schneiden Sie die Serviette passend für das Fotokartonstück zurecht. Ziehen Sie die oberste Schicht der Serviette ab.

3. Legen Sie das Serviettenstück auf den Karton und bestreichen Sie es mit Lack-Kleber. Streichen Sie dabei mit einem breiten, weichen Pinsel von innen nach außen. Lassen Sie den Karton gut trocknen.

4. Kleben Sie das Servietten-Motiv mittig auf die Kartenvorderseite und kleben Sie einen Rahmen aus der Perlenschnur auf.

5. Binden Sie eine Schleife aus dem Goldband und kleben Sie diese mit der restlichen Perlenschnur und der Goldtrompete links oben auf die Karte.

Frohes Fest

Zu Weihnachten

Weihnachtliche Kirche

Das brauchen Sie:

weißen Tonkarton, 21 x 21 cm
blaue Wellpappe, 21 x 10,5 cm
weißen Fotokarton, 16 x 9 cm
1 Serviette mit Weihnachts-Motiv (z. B. von Herlitz)
Goldband, 3 mm breit, ca. 94 cm lang
1 Goldstern mit Schweif aus Pappe, ca. 10,5 cm lang
Schere, Klebstoff, Pinsel, Lack-Kleber, goldenen Glitter-Glue

1. Falten Sie den Tonkarton in der Mitte auf ein Lang-DIN-Format. Bekleben Sie die Vorderseite der Karte mit der Wellpappe.

2. Schneiden Sie die Serviette passend für das Tonkartonstück zurecht. Ziehen Sie die oberste Schicht der Serviette ab. Legen Sie das Serviettenstück auf den Karton und bestreichen Sie es mit Lack-Kleber.

3. Streichen Sie dabei mit einem breiten, weichen Pinsel von innen nach außen. Lassen Sie den Karton gut trocknen.

4. Kleben Sie das Servietten-Motiv mittig auf die Kartenvorderseite und kleben Sie einen Rahmen aus Goldband auf. Kleben Sie den Stern schräg auf die Karte. Mit Glitter-Glue verzieren Sie die Karte und legen Goldband um den Kartenfalz, das Sie im Karteninneren verknoten.

Karte mit Tannenbaum

Das brauchen Sie:

weißen Tonkarton, DIN A4
rote Wellpappe mit Goldsternen, 21 x 14,5 cm
weißen Fotokarton, 12 x 12,5 cm
1 Serviette mit Tannenbaum-Motiv (z. B. von Herlitz)
goldenes Netzband, 1 cm breit, ca. 65 cm lang
Goldband, 3 mm breit, ca. 30 cm lang
1 weißgoldenen Holzstern, Ø ca. 4 cm
goldene Perlenschnur
Schere, Klebstoff, Pinsel, Lack-Kleber, goldenen Lackstift

1. Falten Sie den weißen Tonkarton in der Mitte auf DIN A5. Bekleben Sie die Kartenvorderseite mit der Wellpappe. Schneiden Sie die Serviette für den Fotokarton zurecht. Ziehen Sie die oberste Schicht der Serviette ab. Legen Sie das Serviettenstück auf den Karton und bestreichen Sie es mit Lack-Kleber.

2. Streichen Sie dabei mit einem breiten, weichen Pinsel von innen nach außen. Lassen Sie den Karton gut trocknen.

3. Kleben Sie das Servietten-Motiv auf die Karte. Umlegen Sie den Kartenfalz mit dem Netzband, das Sie oben zu einer Schleife binden.

4. Binden Sie eine kleine Schleife aus dem schmalen Goldband, beschriften Sie den Holzstern mit dem Goldstift und kleben Sie beides rechts unten auf die Karte.

Karte im Schottenkaro

Das brauchen Sie:

weißen Fotokarton, DIN A4
1 rotgrün karierte Serviette (z. B. von Home Fashion)
goldenes Netzband, 5 cm breit, 21 cm lang
2 goldene 3-D-Wellpappe-Streifen, 2 cm breit, 21 cm lang
Goldband, 3 cm breit, 12 cm lang
1 Glitzer-Goldstern, Ø ca. 7 cm
Goldband, 3 mm breit, ca. 65 cm lang
Schere, Klebstoff, Pinsel, Lack-Kleber

1. Falten Sie den weißen Fotokarton in der Mitte auf DIN A5. Schneiden Sie die Serviette passend für die Vorderseite der Karte zurecht. Ziehen Sie die oberste Schicht der Serviette ab. Legen Sie das Serviettenstück auf den Karton und bestreichen Sie es mit Lack-Kleber.

2. Streichen Sie dabei mit einem breiten, weichen Pinsel von innen nach außen. Lassen Sie den Karton gut trocknen.

3. Kleben Sie das Netzband mittig auf die Karte. Schneiden Sie die goldenen Wellpappestreifen in Wellen und kleben Sie diese rechts und links neben das Netzband. Schneiden Sie dünne Fransen in das breite Goldband und kleben Sie diese unter den Goldstern auf die Karte.

4. Umlegen Sie den Kartenfalz mit dem schmalen Goldband und binden Sie die Enden oben zu einer Schleife.

Goldengel

Das brauchen Sie:

weißen Tonkarton, DIN A4
weiße Wellpappe mit Goldsternen, 21 x 14,5 cm
Goldband, 3 mm breit, ca. 73 cm lang
Goldfolie, 2 cm breit, 56 cm lang
weißen Fotokarton, 12 x 13 cm
1 Serviette mit Engel-Motiv (z. B. von Atelier)
Transparentpapier
goldenes, drahtverstärktes Transparentband, 6 cm breit, ca. 80 cm lang
Schere, Klebstoff, Pinsel, Lack-Kleber, Zackenschere, goldene Window-Color-Konturenfarbe

1. Falten Sie den Tonkarton in der Mitte auf DIN A5. Bekleben Sie die Vorderseite der Karte mit der Wellpappe. Bekleben Sie die Kartenränder mit dem schmalen Goldband. Kleben Sie einen quadratischen Rahmen aus der Goldfolie, die Sie zuvor mit der Zackenschere formen.

2. Schneiden Sie die Serviette passend für das Fotokartonstück zurecht. Ziehen Sie die oberste Schicht der Serviette ab. Legen Sie das Serviettenstück auf den Karton und bestreichen Sie es mit Lack-Kleber.

3. Streichen Sie dabei mit einem breiten, weichen Pinsel von innen nach außen. Lassen Sie den Karton gut trocknen.

4. Schneiden Sie die Konturen des Engels sorgfältig aus. Kleben Sie das Servietten-Motiv in den Goldrahmen. Schreiben Sie mit der Window-Color-Konturenfarbe Ihren Gruß auf zwei Transparentpapierstreifen, lassen Sie die Farbe 10 Stunden trocknen und kleben Sie die Papierstreifen auf die Karte. Umlegen Sie den Kartenfalz mit dem Transparentband, das Sie in der Mitte zu einer dekorativen Schleife binden.

Zu Weihnachten

Karte mit Holzengel

Das brauchen Sie:

weißen Fotokarton, DIN A4
1 grüne Serviette mit Goldsternen
(z. B. von Herlitz)
2 Velourspapier-Streifen, 2,5 x 15 cm
goldene 3-D-Wellpappe, 11,5 x 8,5 cm
1 flacher Holzengel, ca. 10 cm hoch
Schere, Klebstoff,
Pinsel, Lack-Kleber,
goldenen Glitter-Glue, goldene
Window-Color-Konturenfarbe

1. Falten Sie den Fotokarton. Schneiden Sie die Serviette passend für die Kartenvorderseite zurecht. Ziehen Sie die oberste Schicht der Serviette ab.

2. Legen Sie das Serviettenstück auf den Karton und bestreichen Sie es mit Lack-Kleber. Streichen Sie dabei mit einem breiten, weichen Pinsel von innen nach außen. Lassen Sie den Karton gut trocknen.

3. Kleben Sie die Velourspapierstreifen oben und unten auf die Karte und beschriften Sie sie mit der Window-Color-Konturenfarbe. Ziehen Sie einen feinen Rand mit der Farbe um die Karte. Bemalen Sie die Goldsterne des Serviettenmotivs mit Glitter-Glue. Lassen Sie alles gut trocknen (ca. 10 Stunden).

4. Zum Schluss kleben Sie das Wellpappestück mittig auf die Karte und darauf den Holzengel.

Weihnachtssterne

Das brauchen Sie:

weißen Tonkarton, 14,5 x 21 cm
grüne Wellpappe, 14,5 x 10,5 cm
weißen Fotokarton, 14,5 x 10,5 cm
1 Serviette mit Christstern-Motiv
(z. B. von Home Fashion)
goldenes Netzband, 1 cm breit,
12 cm lang
1 goldenen Wellpappe-Stern, Ø 5 cm
1 goldenen Holzstern, Ø ca. 3,5 cm
grünes Satinband, 1 cm breit,
70 cm lang Schere, Klebstoff,
Pinsel, Lack-Kleber

1. Falten Sie den Tonkarton in der Mitte. Bekleben Sie die Vorderseite der Karte mit der Wellpappe.

2. Schneiden Sie die Serviette passend für das Fotokartonstück zurecht. Ziehen Sie die oberste Schicht der Serviette ab.

3. Legen Sie das Serviettenstück auf den Karton und bestreichen Sie es mit Lack-Kleber.

4. Streichen Sie dabei mit einem breiten, weichen Pinsel von innen nach außen. Lassen Sie den Karton gut trocknen.

5. Schneiden Sie die Blüten aus und kleben Sie das Motiv auf die Wellpappe. Kleben Sie das Netzband, den Wellpappe-Stern und den Holzstern übereinander auf die Karte. Umlegen Sie den Kartenfalz mit dem grünen Band, das Sie oben zu einer Schleife binden.

Lorbeer-Muster

Das brauchen Sie:

weißen Fotokarton, 21 x 20 cm
1 Serviette mit Weihnachts-Motiv
grüne Litze, (z. B. von Hallmark)
7 mm breit, ca. 42 cm lang
rotes Moon-Rock-Baumwollpapier,
3 x 8 cm
grünes Band, 4 cm breit, 9 cm lang
künstliche Lorbeerblätter und Beeren
grünes Satinband, 1 cm breit,
30 cm lang
1 grüne Mini-Trompete, ca. 3 cm lang
1 rotweißen Deko-Stock, ca. 4 cm lang
Schere, Klebstoff, Pinsel, Lack-
Kleber, weiße Window-Color-
Konturenfarbe

1. Falten Sie den Fotokarton in der Mitte auf ein Lang-DIN-Querformat. Schneiden Sie die Serviette passend für die Kartenvorderseite zurecht. Ziehen Sie die oberste Schicht der Serviette ab.

2. Legen Sie das Serviettenstück auf den Karton und bestreichen Sie es mit Lack-Kleber.

3. Streichen Sie dabei mit einem breiten, weichen Pinsel von innen nach außen. Lassen Sie den Karton gut trocknen.

4. Bekleben Sie die Karte seitlich und unten mit der Litze. Beschriften Sie das Moon-Rock-Baumwollpapier mit der Window-Color-Konturenfarbe und lassen Sie diese 10 Stunden trocknen. Kleben Sie das Schild auf das breite, grüne Bandstück und dann das Ganze schräg auf die Karte.

5. Kleben Sie die Blätter und Beeren, eine Schleife aus dem schmalen, grünen Band, die Trompete und den Stab übereinander auf die Karte.

Fröhliche
Weihnachten
Frohe
Weihnacht

Einladungen

Obstschale

Das brauchen Sie:

weißen Tonkarton, DIN A4
gelbe 3-D-Wellpappe, DIN A5
grünes Moon-Rock-Baumwollpapier, 12 x 18 cm
weißen Fotokarton, 12 x 17 cm
1 Serviette mit Obstschüssel-Motiv (z. B. von PAPSTAR)
grüne Kordel, 5 mm breit, 60 cm lang
gelbweiß kariertes Band, 1,5 cm breit, ca. 30 cm lang
Schere, Klebstoff, Pinsel, Lack-Kleber

1. Falten Sie den Tonkarton in der Mitte auf DIN A5 quer. Bekleben Sie die Vorderseite der Karte mit der Wellpappe. Kleben Sie darauf das Baumwollpapier.

2. Schneiden Sie die Serviette passend für das Fotokartonstück zurecht. Ziehen Sie die oberste Schicht der Serviette ab. Legen Sie das Serviettenstück auf den Karton und bestreichen Sie es mit Lack-Kleber.

3. Streichen Sie dabei mit einem breiten, weichen Pinsel von innen nach außen. Lassen Sie den Karton gut trocknen.

4. Schneiden Sie das Motiv konturengerecht aus und kleben Sie es mittig auf das Baumwollpapier. Umlegen Sie den Kartenfalz mit der Kordel, die Sie seitlich verknoten. Binden Sie eine Schleife aus dem Band und kleben Sie diese auf den Kordelknoten.

Zitruskarte

Das brauchen Sie:

weißen Fotokarton, 14,5 x 21 cm
1 Serviette mit Zitronen-Motiv (z. B. von Duni)
gelbes Moon-Rock-Baumwollpapier, 14 ,5 x 2,5 cm
grüne Tonkarton-Buchstaben, 1 cm hoch
1 künstliches Efeublatt, ca. 7 cm lang
1 Zimtstange,
3 getrocknete Limettenscheiben, Ø 2 cm
gelbe Kordel, 3 mm breit, ca. 40 cm lang, Schere, Klebstoff, Pinsel, Lack-Kleber

1. Falten Sie den Fotokarton in der Mitte. Schneiden Sie die Serviette passend für die Vorderseite der Karte zurecht.

2. Ziehen Sie die oberste Schicht der Serviette ab. Legen Sie das Serviettenstück auf den Karton und bestreichen Sie es mit Lack-Kleber.

3. Streichen Sie dabei mit einem breiten, weichen Pinsel von innen nach außen. Lassen Sie den Karton gut trocknen.

4. Kleben Sie das Moon-Rock-Baumwollpapier auf den rechten Kartenrand.

5. Kleben Sie die Tonkarton-Buchstaben auf. Dekorieren Sie die Karte links oben mit dem Efeublatt und den Naturmaterialien.

6. Zum Schluss umlegen Sie den Kartenfalz mit der Kordel, die Sie oben zu einer Schleife binden.

Drink

Das brauchen Sie:

orangefarbenen Tonkarton, DIN A5
weißen Fotokarton, 9 x 10,5 cm
1 Serviette mit Glas-Motiv (z. B. von Home Fashion)
hellgrünes Satinband, 5 mm breit, ca. 50 cm lang
Schere, Klebstoff, Pinsel, Lack-Kleber

1. Falten Sie denTonkarton in der Mitte auf A6 quer. Schneiden Sie die Serviette passend für das Fotokartonstück zurecht. Ziehen Sie die oberste Schicht der Serviette ab.

2. Legen Sie das Serviettenstück auf den Karton und bestreichen Sie es mit Lack-Kleber.

3. Streichen Sie dabei mit einem breiten, weichen Pinsel von innen nach außen. Lassen Sie den Karton gut trocknen.

4. Kleben Sie das Servietten-Motiv mittig auf die Karte. Umlegen Sie den Kartenfalz mit dem Satinband, das Sie seitlich zu einer Schleife binden.

EINLADUNG

Einladungen

Kaffeetasse

Das brauchen Sie:

weißen Fotokarton, 20 x 21 cm
1 Serviette mit Cappuccino-Motiv (z. B. von Ihr)
gelbweiß kariertes Band, 1 cm breit, ca. 70 cm lang
hellblaues Satinband, 3 mm breit, ca. 40 cm lang
1 blaue Mini-Rosette, Ø 2,5 cm
Schere, Klebstoff, Pinsel, Lack-Kleber

1. Falten Sie den Fotokarton in der Mitte auf ein Querformat. Schneiden Sie das Servietten-Motiv passend für die Kartenvorderseite zurecht.

2. Ziehen Sie die oberste Schicht der Serviette ab. Legen Sie das Serviettenstück auf den Karton und bestreichen Sie es mit Lack-Kleber.

3. Streichen Sie dabei mit einem breiten, weichen Pinsel von innen nach außen. Lassen Sie den Karton gut trocknen.

4. Umlegen Sie den Kartenfalz mit dem Band, das Sie seitlich links zu einer Schleife binden. Bringen Sie das Satinband an der Schleife an und kleben Sie die Mini-Rosette auf die Schleife.

Hamburger

Das brauchen Sie:

weißen Tonkarton, DIN A4
gelbes Tonpapier, DIN A5
blaue Wellpappe, 17,5 x 13 cm
weißen Fotokarton, 15 x 10,5 cm
1 Serviette mit Hamburger-Motiv (z. B. von Herlitz)
rotes Satinband, 3 mm breit, ca. 60 cm lang
Schere, Klebstoff, Pinsel, Lack-Kleber, Zackenschere, roten Filzstift

1. Falten Sie den Tonkarton in der Mitte auf ein Querformat. Bekleben Sie die Kartenvorderseite mit dem Tonpapier. Beschriften Sie die Karte oben mit dem Filzstift.

2. Schneiden Sie die Wellpappe mit der Zackenschere in Form und kleben Sie sie unterhalb der Schrift auf. Schneiden Sie das Servietten-Motiv passend für das Fotokartonstück zurecht.

3. Ziehen Sie die oberste Schicht der Serviette ab. Legen Sie das Serviettenstück auf den Karton und bestreichen Sie es mit Lack-Kleber.

4. Streichen Sie dabei mit einem breiten, weichen Pinsel von innen nach außen. Lassen Sie den Karton gut trocknen.

Fisch

Das brauchen Sie:

weißen Tonkarton, DIN A5
weiße 3-D-Wellpappe, DIN A6
weißen Fotokarton, DIN A6
1 Serviette mit blauem Fisch-Motiv (z. B. von Stewo)
blauen Bast
Schere, Klebstoff, Pinsel, Lack-Kleber

1. Falten Sie den Tonkarton auf DIN A6 quer. Bekleben Sie die Kartenvorderseite mit der Wellpappe.

2. Ziehen Sie die oberste Schicht der Serviette ab. Legen Sie die Servietten-Motive auf den Fotokarton und bestreichen Sie sie mit Lack-Kleber.

3. Streichen Sie dabei mit einem breiten, weichen Pinsel von innen nach außen. Lassen Sie den Karton gut trocknen.

4. Schneiden Sie die Motive aus und kleben Sie sie auf die Karte. Umlegen Sie den Kartenfalz mit Bast, den Sie seitlich zu einer Schleife binden.

EINLADUNG

Einladungen

Kürbisse

Das brauchen Sie:

weißen Tonkarton, DIN A4
beiges Naturpapier, DIN A5
Hanfband, 4 cm breit, ca. 16 cm lang
1 Tonkartonstreifen in Orange, 2 x 9 cm
weißen Fotokarton, 16 x 20 cm
1 Serviette mit Kürbis-Motiv (z. B. von Paper Art)
gedrehte Paketkordel, 5 mm breit, ca. 60 cm lang
Schere, Klebstoff, Pinsel, Lack-Kleber, roten Filzstift

1. Falten Sie den Tonkarton auf DIN A5 quer. Bekleben Sie die Kartenvorderseite mit dem Naturpapier. Kleben Sie das Hanfband oben links schräg auf die Karte. Beschriften Sie den Tonkartonstreifen mit dem Filzstift und kleben Sie ihn auf das Hanfband.

2. Schneiden Sie das Servietten-Motiv passend für das Fotokartonstück zurecht. Ziehen Sie die oberste Schicht der Serviette ab.

3. Legen Sie das Servietten-Motiv auf den Fotokarton und bestreichen Sie es mit Lack-Kleber. Streichen Sie dabei mit einem breiten, weichen Pinsel von innen nach außen. Lassen Sie den Karton gut trocknen.

4. Schneiden Sie die Konturen des Motivs aus. Kleben Sie das Motiv auf die Karte. Umlegen Sie den Kartenfalz mit der Kordel, die Sie oben links verknoten.

Weinglas

Das brauchen Sie:

weißen Tonkarton, DIN A4
violette Wellpappe, DIN A5
rosafarbenes Naturpapier, 18 x 12,5 cm
goldenes Netzband, 5 cm breit, ca. 24 cm lang
Transparentpapier
weißen Fotokarton, 16 x 15 cm
1 Serviette mit Weinglas-Motiv (z. B. von PAPSTAR)
Schere, Klebstoff, Pinsel, Lack-Kleber, goldene Window-Color-Konturenfarbe

1. Falten Sie den Tonkarton auf DIN A5. Bekleben Sie die Kartenvorderseite mit der Wellpappe und darauf mittig mit dem Naturpapier. Legen Sie das Netzband schräg über die Karte und kleben Sie es fest. Schneiden Sie ein Dreieck aus dem Transparentpapier.

2. Beschriften Sie es mit der Window-Color-Farbe und malen Sie einen dünnen Rahmen. Lassen Sie die Farbe 10 Stunden trocknen. Kleben Sie das Dreieck rechts auf die Karte.

3. Schneiden Sie das Servietten-Motiv passend für das Fotokartonstück zurecht. Ziehen Sie die oberste Schicht der Serviette ab. Legen Sie das Servietten-Motiv auf den Fotokarton und bestreichen Sie es mit Lack-Kleber. Streichen Sie dabei mit einem breiten, weichen Pinsel von innen nach außen. Lassen Sie den Karton gut trocknen.

4. Schneiden Sie die Konturen des Motivs aus. Kleben Sie das Motiv auf die Karte.

Weintrauben

Das brauchen Sie:

grünen Tonkarton, DIN A5
Hanfband, 4 cm breit, ca. 26 cm lang
roten Tonkarton, 3 x 8 cm
1 Serviette mit Weintrauben-Motiv (z. B. von Paper Art)
weißen Fotokarton, 15 x 10,5 cm
Paketkordel, ca. 1,20 m lang
Schere, Klebstoff, Pinsel, Lack-Kleber, schwarzen Filzstift

1. Falten Sie den Tonkarton in der Mitte. Bekleben Sie die Kartenvorderseite seitlich rechts mit Hanfband. Beschriften Sie das rote Tonkartonstück mit Ihrem Text, kleben Sie es auf das restliche Band, schlagen Sie die Bandenden nach innen und kleben Sie sie fest.

2. Schneiden Sie das Servietten-Motiv passend für das Fotokartonstück zurecht. Ziehen Sie die oberste Schicht der Serviette ab.

3. Legen Sie das Serviettenstück auf den Karton und bestreichen Sie es mit Lack-Kleber. Streichen Sie dabei mit einem breiten, weichen Pinsel von innen nach außen. Lassen Sie den Karton gut trocknen.

4. Schneiden Sie das Motiv konturengenau aus und kleben Sie es auf die Karte. Umlegen Sie den Kartenfalz mit der doppelt genommenen Paketkordel, die Sie unterhalb der Karte verknoten.

EINLADUNG
Einladung
EINLADUNG

Zum Dank

Karte mit Gerbera

Das brauchen Sie:

pinkfarbenen Tonkarton, DIN A4
violetten Tonkarton, 16 x 14,5 cm
weißen Fotokarton, 14 x 13 cm
1 Serviette mit Gerbera-Motiv
(z. B. von Herlitz)
gelbe Kordel, 3 mm breit, 68 cm lang
gelbes Satinband,
5 mm breit, ca. 35 cm lang
gelben Bast, ca. 30 cm lang
1 gelbes Holzstreuteil „Blatt“
Schere, Klebstoff,
Pinsel, Lack-Kleber, roten Filzstift

1. Falten Sie den pinkfarbenen Tonkarton auf DIN A5. Kleben Sie den violetten Fotokarton mittig auf die Vorderseite der Karte. Schneiden Sie das Servietten-Motiv passend für das Fotokartonstück zurecht. Ziehen Sie die oberste Schicht der Serviette ab.

2. Legen Sie die Serviette auf den Fotokarton und bestreichen Sie sie mit Lack-Kleber. Streichen Sie dabei mit einem breiten, weichen Pinsel von innen nach außen. Lassen Sie den Karton gut trocknen.

3. Kleben Sie das Servietten-Motiv auf den violetten Tonkarton und beschriften Sie es mit dem Filzstift.

4. Bekleben Sie die Ränder der Karte mit der Kordel, binden Sie aus dem Satinband und dem Bast eine Dreifachschleife und kleben Sie diese mit dem Holzblatt links oben auf die Karte.

Mohnfeld

Das brauchen Sie:

weißen Fotokarton, 10,5 x 30 cm
1 Serviette mit Feldblumen-Motiv
(z. B. von Fasana)
1 roten 3-D-Wellpappestreifen,
10,5 x 2,5 cm
rote und weiße Tonpapierreste
Gräser
1 weißblauen Holz-Marienkäfer
Schere, Klebstoff, Pinsel,
Lack-Kleber, roten Filzstift

1. Falten Sie den Fotokarton in der Mitte zu einem Querformat. Schneiden Sie das Serviettenmotiv passend für die Vorderseite der Karte zurecht. Ziehen Sie die oberste Schicht der Serviette ab. Legen Sie das Servietten-Motiv auf den Fotokarton und bestreichen Sie es mit Lack-Kleber.

2. Streichen Sie dabei mit einem breiten, weichen Pinsel von innen nach außen. Lassen Sie den Karton gut trocknen.

3. Schneiden Sie die rechte Seite der Karte in Wellen. Kleben Sie den in Wellen geschnittenen Wellpappestreifen ca. 5 mm nach hinten versetzt auf. Falten Sie aus rotem Tonpapier einen Mini-Briefumschlag.

4. Beschriften Sie ein Stück weißes Tonpapier. Kleben Sie beides zusammen mit den Gräsern und dem Holzkäfer auf die Karte.

Gelbe Karte mit Blumenvase

Das brauchen Sie:

weißen Tonkarton, 20,5 x 20 cm
gelbes Tonpapier, 20,5 x 10 cm
1 Serviette mit Blumenvasen-Motiv
(z. B. von Herlitz))
weißen Fotokarton, 20,5 x 10 cm
goldene Litze, 7 mm breit,
ca. 40 cm lang
rotes Band, 1 cm breit,
ca. 30 cm lang
Schere, Klebstoff, Pinsel,
Lack-Kleber, roten Filzstift

1. Falten Sie den Tonkarton in der Mitte zu einem Hochformat. Bekleben Sie die Kartenvorderseite mit dem Tonpapier. Schneiden Sie ein ca. 15,5 x 8,5 cm großes Oval aus der Kartenvorderseite aus.

2. Schneiden Sie die Serviette für das Fotokartonstück zurecht. Ziehen Sie die oberste Schicht der Serviette ab.

3. Legen Sie die Serviette auf den Fotokarton und bestreichen Sie sie mit Lack-Kleber.

4. Streichen Sie dabei mit einem breiten, weichen Pinsel von innen nach außen. Lassen Sie den Karton gut trocknen.

5. Hinterkleben Sie nun das Oval mit dem Servietten-Motiv. Bekleben Sie das Oval auf der Kartenvorderseite rundum mit der Litze.

6. Binden Sie eine kleine Schleife aus dem roten Band und kleben Sie diese unterhalb des Ovals auf. Beschriften Sie die Karte mit dem roten Filzstift.

Vielen Dank
Danke
Vielen Dank